AF315266

LES DROITS D'USAGE

ET LES

BIENS COMMUNAUX

EN FRANCE AU MOYEN-AGE

PAR

HENRI SÉE

Professeur d'histoire à la Faculté des Lettres
de l'Université de Rennes.

Extrait de la *Revue Internationale de Sociologie.*

PARIS

V. GIARD & E. BRIÈRE

LIBRAIRES-ÉDITEURS

16, Rue Soufflot, 16

1898

Les droits d'usage et les biens communaux en France au Moyen-Age.

Je ne prétends pas étudier directement la question des formes primitives de la propriété, ni celle de savoir si le collectivisme agraire a précédé la propriété individuelle. En dépit des nombreux travaux qu'ils ont provoqués, ce sont encore là les problèmes les plus ardus que l'histoire sociale puisse se proposer, et dont la solution me paraît à peu près impossible. Que les sociétés primitives n'aient connu que la propriété collective, c'est là une hypothèse fort séduisante, mais qui jamais n'a pu être démontrée scientifiquement. En vain a-t-on voulu torturer quelques phrases de Tacite, très obscures, quelques textes de lois barbares, très confus : il faut bien l'avouer, en tout ce qui concerne ces civilisations primitives, nous ne possédons aucun document précis, qui nous renseigne d'une façon satisfaisante sur l'état de la propriété. Et, quant à la méthode qui consiste à rapprocher, d'une façon tout à fait arbitraire, comme l'a fait M. de Laveleye (1), l'âge d'or dans l'antiquité, la marke germanique, le mir russe, l'allmend suisse, les villages à Java, elle ne me semble pas pouvoir résister à une critique sérieuse (2).

---

(1) Dans son livre *De la propriété et de ses formes primitives.*

(2) Voy. Fustel de Coulanges, *Les problèmes des origines de la propriété foncière*, dans la *Revue des Questions historiques*, 1889, t. XLV, pp. 349 et sqq.

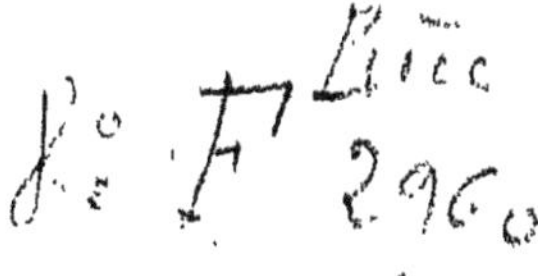

Aussi a-t-on cherché un autre procédé de démonstration : pour prouver que la propriété collective a précédé la propriété privée, ne serait-ce pas un excellent argument de trouver à une époque vraiment historique des traces indéniables de cet ancien état de choses? Ainsi M. Maxime Kovalewsky prétend qu'en France au moyen âge la propriété collective subsiste encore, mais sous une forme singulièrement modeste : ce mode de propriété, qui s'était d'abord étendu à toutes les terres, s'est peu à peu restreint à l'indivision des forêts et des prairies (1). M. Glasson croit aussi retrouver les débris de cette propriété collective dans les biens communaux, dont l'existence lui paraît démontrée au moyen âge (2). Mais les documents, qu'il cite à l'appui de sa thèse, sont-ils de nature à forcer notre conviction (3) ? N'a-t-il pas parfois confondu la copropriété de famille avec le communisme agraire? Et a-t-il réellement prouvé que les seigneurs aient, au cours des siècles, usurpé la plupart des biens communaux?

Telle est aussi la théorie de M. Karl Lamprecht (4) : les forêts ont été primitivement des propriétés collectives, dont les seigneurs se sont peu à peu emparés ; et encore au Moyen-Age il croit saisir les traces de cette lente transformation : « Partout encore, dit-il, nous trouvons aux prises dans le domaine de l'eau et surtout celui de la forêt, le principe de la propriété libre et commune, comme le maintient l'homme du peuple, et le principe de la propriété privée et étroite que le seigneur cherche à faire prévaloir. » — Antithèse fort séduisante, à la vérité ; mais de son système l'auteur ne nous a donné qu'une insuffisante démonstration.

L'un de nos plus éminents historiens du droit, M. Paul Viollet, s'efforce aussi de trouver au Moyen-Age de nombreux débris de l'an-

---

(1) M. Kovalewsky, *Le passage historique de la propriété collective à la propriété individuelle*, dans les *Annales de l'Institut international de sociologie*, t. I, pp. 175 et sqq.

(2) Glasson, *Histoire du droit et des institutions de la France*, t. III, pp. 71 et sqq ; et *Communaux et Communautés dans l'ancien droit français*, dans la *Nouvelle Revue historique du droit français et étranger*, 1891.

(3) Voy. à ce sujet Fustel de Coulanges, *op. cit.*, et l'*Alleu et le domaine rural*, pp. 174 et sqq.

(4) K. Lamprecht, *Étude sur l'état économique de la France pendant la première partie du Moyen-Age*, trad. Marignan, 1889, pp. 122 et sqq.

cienne communauté : la vaine pâture, remarque-t-il, existe encore, et si elle s'atténue peu à peu, c'est un effet du triomphe de la propriété individuelle. Le seigneur fait défense à ses paysans d'envoyer leurs bestiaux pâturer dans les bois taillés depuis moins de trois ans : voilà une manifestation des usurpations seigneuriales. Une autre non moins nette, ce sont les droits d'usage, en vertu desquels le propriétaire exige des redevances de ses tenanciers. Enfin, dans les droits de chasse et de pêche il aperçoit une nouvelle preuve de la communauté primitive. « Le droit de chasse et le droit de pêche, affirme-t-il, se rattachent aussi à l'état primitif de l'humanité : en pêchant et en chassant, le nomade assurait son existence » (1). Tous ces arguments, il faut le reconnaître, semblent peu probants et l'auteur ne nous apporte point de documents décisifs, qui démontrent que les seigneurs se soient approprié des terres autrefois communes.

Si tous ces savants ont eu le mérite de poser la question, ils ne l'ont pas résolue d'une façon définitive, et l'on peut même se demander si quelques-uns d'entre eux n'ont pas subi l'influence d'une idée préconçue, de l'idée que la propriété collective a précédé la propriété individuelle, et comme c'est l'idée que leurs recherches devaient précisément élucider, il y a là comme un cercle vicieux dont il leur est malaisé de se dégager (2).

---

(1) Paul Viollet, *Les établissements de Saint-Louis*, éd. de la Société de l'Histoire de France, Introduction, pp. CI et sqq. Cf. du même, *De la propriété collective*, 1873.

(2) Il est même des savants qui, dans l'étude de cette question, n'ont pu s'abstraire des préoccupations contemporaines. Ainsi, M. de Laveleye est convaincu que la reconstitution des biens communaux apporterait un remède tout à fait efficace au malaise social ; dans l'étude des sociétés primitives il a cherché et trouvé une confirmation de sa théorie ; il lui semble que le droit primitif s'accorde avec le droit rationnel « pour imposer à toute société l'obligation de s'organiser de façon à garantir à chacun la propriété légitime qui doit lui revenir » (*De la propriété et de ses formes primitives*, p. 395). — D'autre part, M. G. d'Avenel est persuadé que le socialisme contemporain, s'il triomphait, ne serait qu'un retour à un état primitif et inférieur de civilisation ; la société ne s'est dégagée que péniblement de ce néfaste communisme ; il croit le trouver encore au Moyen-Age, et il ne craint pas d'affirmer que « toutes les institutions anciennes, tout le droit public du Moyen âge

Il peut donc être intéressant d'étudier à nouveau la question de savoir s'il existe réellement, en France, au Moyen-Age, des biens communaux. Et je crois que l'on écartera plus sûrement les chances d'erreur, si l'on laisse complètement de côté la question de la propriété primitive. Voici à quoi se résout le problème : trouve-t-on des bois ou des prés qui appartiennent en toute propriété à une communauté de village ou à l'ensemble des habitants d'un même village ? Ou bien, cette soi-disant propriété commune se réduit-elle à la jouissance en commun de certaines terres, à des droits d'usage ? Et, dans cette dernière hypothèse, les droits d'usage ne créent-ils pas à la longue une sorte de propriété, n'ont-ils pas été parfois l'origine de véritables biens communaux ? Telles sont les principales questions que je me propose d'examiner.

*
* *

En ce qui concerne l'époque mérovingienne et l'époque carolingienne, l'insuffisance des documents ne nous permet pas de nous faire une idée absolument nette des biens communaux. Toutefois les conclusions de Fustel de Coulanges, dans son étude de l'*Alleu*, nous semblent assez conformes à la vérité historique (1). Il est bien certain que, dans les documents contemporains, il n'est jamais question de *copropriété de village* ; jamais les paysans ne semblent avoir eu la propriété collective d'aucune terre ; et, dans toute cette période, le fait dominant semble être, au contraire, les progrès de la grande propriété individuelle (2). Les bois et les pâquis appartiennent toujours au propriétaire du domaine ; dans les transactions, ils figurent toujours comme objets de propriété privée. On sait que, dès cette époque, le domaine se divise toujours en deux parts : la réserve sei-

---

étaient très fortement imprégnés de *communisme* ou plutôt de *socialisme communal* » (*Histoire économique de la propriété*, p. 280). Est-il besoin de faire remarquer l'anachronisme de pareilles expressions ?

(1) L'*Alleu et le domaine rural pendant l'époque mérovingienne*, pp. 424 et sqq.

(2) Telle est aussi l'opinion de Charles Schmidt, *Les seigneurs, les paysans et la propriété rurale en Alsace au Moyen-Age*, pp. 13 et sqq.

gneuriale et les tenures, sur lesquelles sont casés les paysans ; or, la forèt est toujours comprise dans la réserve.

Mais chaque tenáncier possède toujours quelques tètes de bétail ; et son lot de terre ne comprend que des terres de labour, parfois une pièce de vigne et un petit pré. Son bétail, il ne peut vraiment le nourrir que dans la forèt du propriétaire. Et le bois, dont il a besoin pour se chauffer ou pour construire, il ne pourra le trouver que là. C'est donc une nécessité économique que le seigneur lui concède la jouissance de ses bois ou de ses landes.

Pour les paysans, il ne saurait être question de propriété, mais simplement de droits de jouissance. Et la meilleure preuve, c'est que ces droits d'usage, le plus souvent, ne sont pas gratuits : sur certains domaines de Saint-Germain-des-Prés, tous les tenanciers paient 4 deniers *pro ligneritia*, c'est-à-dire pour avoir le droit de prendre du bois dans les forèts (1). Ils paient aussi une redevance pour le droit de pàture ; et, déjà, à cette époque, le nombre des porcs que les tenanciers peuvent envoyer au pâturage semble souvent limité.

Le seigneur réserve une partie de sa forèt à son usage personnel ; l'autre partie, il la destine aux usages communs de ses paysans, et c'est le nom de *communia* qui la désigne. De très nombreux documents nous montrent que ces *communaux* sont des objets de propriété privée, qui font l'objet de nombreuses transactions ; des donateurs déclarent qu'ils possèdent tels *communia* par droit d'hérédité (2). Ainsi, dès les premiers siècles du Moyen-Age, on ne peut

---

(1) Cf. *Polyptyque d'Irminon*, IX, 153-55, 158 ; XVIII, 3 et sqq ; XXV, 3 et sqq.

(2) Voy. par exemple cette formule : « Donamus igitur et donatum in perpetuo esse volumus, hoc est in pago illo, in loco nuncupante illo, super fluvio illo, id est mansos tantos cum hominibus ibidem commanentibus vel aspitientibus, nominibus his illos et illas, cum domibus, edificiis, curtiferis, cum wadriscapis, terris, tam cultis quam incultis, silvis, campis, pratis, pascuis, *communiis*, perviis, aquis aquarumve decursibus..., quicquid in ipso loco nostra videtur esse possessio vel dominatio..., tam de alode quam et de conparato, seu de quolibet adtracto ad nos ibidem noscitur pervenisse, de nostro jure in jure et dominatione jam dicti monasterii per hanc carfolam dominationis... ad opus sancti illius die præseñte donamus... » (*Formulæ salicæ lindenbrogianiæ*, nº 1, dans Zeumer, *Formulæ merovingici et karolini*

saisir les traces d'une communauté de propriété ; on voit apparaître, au contraire, des droits d'usage au profit des tenanciers, et il y a pour eux réellement communauté de jouissance.

*
* *

A partir du x° siècle, les documents deviennent singulièrement plus abondants. Cependant, on peut affirmer qu'on ne trouve, pour ainsi dire, pas trace de biens communaux. Même dans un pays montagneux et pauvre, comme le Roussillon, où domine encore le régime pastoral, les communautés rurales ne jouissent pas, de plein droit, des eaux, forêts et pacages de leurs territoires : elles en achètent l'usage aux seigneurs, et fort cher. Ce qui est vrai, c'est qu'il y a dans les montagnes beaucoup de terres incultes, qui n'appartiennent à personne, et où les habitants font paître leurs troupeaux. Plus tard, beaucoup de ces terres ont passé aux comtes, et ainsi ont fait retour au domaine royal. Il n'y a pas eu usurpation, car ces terres n'avaient pas dé propriétaire (1).

A tout instant, il est vrai, on trouve les termes *communia, communis pastura ;* mais ils apparaissent précisément dans des actes de donation ou de vente (2). Dans une concession faite, en 1188, à Saint-Sauveur-le-Vicomte, Raoul Taisson déclare : « Habebunt etiam omnem quitacionem propriis bestiis suis in *communibus pascuis* et in pasnagiis *in nemore meo* » (3). En 1163, un seigneur donne à une abbaye, entre autres biens, « quicquid habebat in *terris communibus*

œvi, pp. 266-67) Cf. aussi *ibid.,* n° 2, *loc. cit ,* pp. 267 et sqq. — Il ne peut y avoir aucun doute : les *communia* sont compris dans la donation.

(1) Voy. Brutails, *Etude sur la condition des populations rurales du Roussillon au Moyen-Age,* Paris, 1891, pp. 244 et sqq.

(2) En 1212, Philippe, évêque de Beauvais, cède à l'abbaye de Lannoy une terre sise à Maupertuis : « Communem etiam pasturam per omnes terras circumquaque Malpertuis eis perpetuum, libere et quiete contulimus » (L. Delardreue, *Histoire et cartulaire de l'abbaye de Lannoy,* Beauvais, 1881, n° 183, p. 269). Cf. *ibid.,* n° 280, p. 328.

(3) Léop. Delisle, *Histoire du château de Saint-Sauveur-le-Vicomte,* 1867, Pièces justif. n° 59, p. 81.

et silvis » (1). Ainsi, nous voyons que les pâtures communes sont considérées comme objets de propriété privée.

Terres communes, communaux, ce sont des expressions qui désignent très certainement des terres sur lesquelles les paysans ont des droits d'usage en commun. Parfois les actes eux-mêmes nous l'indiquent d'une façon explicite (2). Au commencement du xiii° siècle, l'église de Reims accorde des privilèges aux paysans, qui viendront s'établir à Maubert-Fontaine : « Nous leur avons donné, déclarent les chanoines, les droits d'usage dont ils jouiront en commun ; des bois, nous ne leur avons concédé que l'usage » (3). Mais voici un exemple bien plus frappant encore : en Bretagne, Geoffroy-de Trémerreuc donne, en 1241, à Saint-Aubin un domaine, où l'abbaye pourra caser comme tenancier l'un de ses sujets ; et il ajoute : « Prœterea ego concessi dictis monachis quod ille homo, in dicto campo stans successive et manens, sicut et alii homines in mea terra habeat *communionem* ». *Communio* désigne très nettement les droits d'usage en commun que les tenanciers possèdent sur le domaine (4).

Notons encore une précieuse indication : il semble bien qu'au terme *communia* s'oppose directement le terme *deffensabile,* qui

---

(1) Quantin, *Cartulaire de l'Yonne,* t. II. n° 143, p. 156. — En 1180, Gérard de Ville et son frère donnent à l'abbaye de Bonlieu « plenum usuarium in commune nemore de Landas in elemosina, scilicet ligna apta ad edificandum et ad calefaciendum et ad omnia alia opera necessaria et pastionem porcorum suorum et pascua animalium suorum ». (*Cart. de Bonlieu,* Bibl. Nat., latin 9196, p. 67).

(2) Voy. une charte de Gui, comte de Nevers pour St-Marien d'Auxerre : «... Denique concedo eis ut, ubicumque grangie eorum infra posse meum site sunt, animalia ipsorum, sicut vicinarum gentium animalia *communiter,* nullo prohibente, *utantur pastura...* » (*Cart. de l'Yonne* t. I, n° 200, pp. 217-18.)

(3) Varin. *Arch. administratives de Reims,* t. I, p. 471. — En Bourgogne, en 1158, Seguin de Véron et ses enfants donnent à des moines la forêt de Chaumont, gardant seulement le terrage sur les défrichements qui y seront opérés. Et ils ajoutent: «...Omnes quoque istiusmodi aisantias in nemore quod dicitur Bordin et in foresta communi que appelatur Faid, perpetuo habendas concesserunt et laudaverunt eis » (*Cart. de l'Yonne,* t. II, n° 84, p. 91).

(4) Geslin de Bourgogne et An. de Barthélemy, *Anciens évéchés de Bretagne* t. III, p. 96, et Henri Sée, *Etude sur les classes rurales en Bretagne au Moyen-Age,* 1896, p. 66.

désigne la part du domaine que le seigneur se réserve, qu'il ferme aux usages. En voici un exemple très net : en 1301, Jean de Lespoisse, chevalier, a emprisonné un homme qui pêchait dans les marais de Cormeram : celui-ci n'en avait pas le droit, prétend-il, car le marais lui appartient et fait partie de sa réserve (1). Les gens du roi soutiennent, au contraire, que l'emprisonnement est illégal, car le marais ne peut être interdit à ceux qui veulent s'en servir pour la pêche ou pour d'autres usages : « pro eo quod dictum marchesium, ut dicebant, est *commune* omnibus illis qui eo uti volunt, et ad piscandum et ad adaquandum et ad cetera facienda, sicut in *communibus* marchesiis est fieri consuetum ; dicendo insuper dictum marchesium non esse *deffensabile* nec etiam feodale » (2). Rien de de plus net que l'opposition des deux termes, et cette opposition sert à nous faire mieux comprendre la véritable nature des communaux.

En un mot, dans l'immense majorité des cas, l'expression *communia* vise, non une propriété collective de paysans, mais des droits d'usage dont les tenanciers jouissent en commun. Que certains de ces communaux soient devenus, surtout dans les derniers siècles du Moyen-Age, des copropriétés de village, nous ne le nierons pas, et l'on verra même comment la transformation a pu s'opérer. Mais il ne s'agit là que de cas exceptionnels.

* *

Cependant, l'on n'a guère fait jusqu'ici que définir le terme de communaux. Il convient de poursuivre l'enquête, de rechercher maintenant si, oui ou non, au Moyen-Age, les forêts, les bois, les landes sont objets de propriété privée, si, oui ou non, les droits de chasse et de pêche sont des monopoles seigneuriaux.

Il semble évident que la propriété foncière des forêts et des bois appartient, pour ainsi dire, sans exception, aux seigneurs fonciers. La propriété individuelle s'exerce si bien sur cette catégorie de terres, que lorsque deux seigneurs occupent la même forêt, il arrive souvent que la part de chacun soit matériellement délimitée (3). Des docu-

---

(1) «... Pro eo quod dictum marchesium, ut ipse miles dicebat, est suum et *deffensabile*... » (*Olim*, éd. Beugnot, t. III, p. 74).

(2) *Ibid.*

(3) Cf. Quantin, *Cart. de l'Yonne*, t. II, n° 352, p. 364.

ments innombrables nous montrent des bois cédés, vendus, échangés. Nulle part, on ne voit qu'ils constituent pour les paysans une propriété collective (1). M. R. de Maulde, dans sa remarquable étude sur la *Condition forestière de l'Orléanais*, énumère, avec la plus grande précision, les forêts de l'Orléanais, leur étendue, désigne leurs propriétaires; jamais il n'est question de communautés (2). Les prés, les marais, les étangs sont toujours aussi considérés comme objets de propriété privée (3). Et c'est encore de l'autorité domaniale que dépendent les ruisseaux, les rivières, les fleuves. Pour citer un exemple, nous voyons, vers 1090, Hugues de Chistrec donner, entre autres biens, à Saint-Cyprien de Poitiers « tout le parcours de la Vienne depuis l'écluse des moines de Savigny jusqu'à l'écluse de l'évêque, avec tout le droit de pêche « (4). Les cours d'eau, quelle que soit leur importance, appartiennent toujours à des particuliers : c'est là un phénomène général, vrai pour la France entière, aussi bien au midi qu'au nord (5).

---

(1) Pour s'en convaincre, il suffit de parcourir n'importe quel cartulaire. Citons seulement quelques exemples. En 1260, Mathieu, seigneur de Beaurevoir,| déclare qu'il tient « en franc alue dedans le roiaume de France, sans service et redevance faire à autrui terres, prés, iaues, bos qui sont ci-après nomées... « (Teulet, *Layettes du Trésor des Chartes*, n° 4652, t. III, p. 561). En 1255, Bernard de Montcuq, bourgeois de Troyes, vend aux Templiers dans la forêt, de Der 2500 arpents de bois avec tout ce qu'ils contiennent (*ibid.*, n° 4194, t. III, p. 256-57). En 1221, Hemeri, vicomte de Châtellerault, donne au roi les forêts d'Ecouves, de Chaumont et plusieurs autres encore (*ibid.*, n° 1426, t. I, p. 509).

(2) R. de Maulde, *Etude sur la condition forestière de l'Orléanais au Moyen-Age et à la Renaissance*, pp. 1 sqq.

(3) Voy. par exemple, Teulet, *op. cit.*, n° 4083, t. III, p. 197; *Cartulaires du Bas Poitou*, publiés par P. Marchegay, 1877, *passim*. — Dans certaines provinces, la coutume veut que le seigneur puisse établir un étang dans son domaine, sans que ses sujets aient le droit de l'en empêcher (Beautemps-Beaupré, *Coutumes et institutions de l'Anjou et du Maine*, t. III, préface, pp. LXI et sqq).

(4) *Cartulaire de l'abbaye de Saint-Cyprien de Poitiers*, publié par Rédet (Arch. hist. du Poitou, t. III, n° 598, p. 349). Cf. *Cart. de Marmoutier pour le Dunois*, publié par L. Mabille, *passim; Cart. de l'Yonne, passim;* Championnière, *De la propriété des eaux courantes*, pp. 645 et sqq.

(5) Voy. Brutails, *op. cit.*, pp. 82 et sqq; Aug. Molinier, *Etude sur l'administration féodale dans le Languedoc (Histoire du Languedoc*, t. VII, pp. 180 et sqq).

Ce qui montre bien encore que l'autorité domaniale pèse sur les forêts comme sur les terres de culture, c'est qu'au Moyen-Age, surtout dans les grandes seigneuries, se constitue l'administration forestière. Déjà au XIIe siècle, en Normandie, les grandes forêts sont régies d'une façon assez régulière : les ducs ont créé une multitude d'officiers forestiers, qui souvent font un usage arbitraire de leur pouvoir. Sous les ordres du forestier principal, se trouvent des forestiers particuliers, des *regardeurs*, qui visitent les forêts à des époques périodiques, des *panageurs*, qui perçoivent le panage et jugent les procès auxquels cette redevance donne lieu. Tous ces agents, qui la plupart sont de véritables feudataires, exercent l'autorité la plus étendue (1).

Sur les terres royales, au XIIe siècle, l'on trouve un régime tout à fait analogue : les officiers, soumis à une hiérarchie très stricte, sont des administrateurs, des juges, et c'est d'eux que dépend toute la police des forêts. On les voit poursuivre très durement les délinquants, et les populations se plaignent souvent de leurs exactions (2). Dans toutes les seigneuries importantes, c'est la même organisation ; partout les forêts sont soumises au régime domanial (3). Bien plus, il semble qu'elles soient destinées à subir l'autorité du suzerain, du prince qui tend à reconstituer le pouvoir de l'État. C'est la tendance que marque le droit *de tiers et danger*, institué en Normandie après la conquête de Philippe Auguste : les propriétaires de bois ne peuvent opérer de vente sans l'autorisation du seigneur et sans lui payer une redevance (4). Les droits de *gruerie*, qui commencent à s'établir au XIIIe siècle, et ne font que se développer dans les siècles suivants, produisent les mêmes effets : le pouvoir princier exerce

---

(1) Léopold Delisle, *Des revenus publics des ducs de Normandie au* XIIe *siècle*, dans la *Bibl. de l'Ecole des Chartes*, t. XI, pp. 440 et sqq.

(2) R. de Maulde, *op. cit.*, pp. 303 et sqq.

(3) Une autre preuve, c'est que les revenus, provenant des coupes et de la vente du bois appartiennent toujours au propriétaire : en 1213 quatre marchands de bois reconnaissent avoir acheté de l'abbé de Sainte Colombe, de Sens, la coupe de toute la forêt que cette abbaye possédait à Villeperrot (Quantin, *Recueil de pièces pour faire suite au cartulaire de l'Yonne*, n° 124, pp. 55-56). Cf. *Cart. de l'Yonne*, t. II, n° 276, p. 296.

(4) Borelli de Serres, *Origine du droit de tiers et de danger*, dans les *Recherches sur divers services publics du XIIIe au XVIIe siècle*, pp. 393 et sqq.

déjà un contrôle sur la vente des forêts et s'attribue un droit de garde supérieur (1).

Le droit de chasse marque-t-il mieux que la propriété forestière une survivance de la communauté primitive? Il semble, au contraire, qu'il soit réservé exclusivement au propriétaire foncier. Presque toujours, le seigneur possède des *garennes*, grâce auxquelles il interdit aux paysans, sous les peines les plus sévères, de prendre ou de détruire les bêtes sauvages, même sur leurs champs (2). Si les tenanciers obtiennent parfois la suppression de la garenne seigneuriale, ce n'est presque jamais gratuitement (3). Nul doute que le monopole seigneurial ne porte sur les térres de culture comme sur les forêts; dans les garennes sont souvent englobées les tenures de paysans (4). En tout cas, ces garennes constituent un véritable fléau pour les riverains, qui ne peuvent se débarrasser des animaux sauvages, lesquels pullulent et détruisent les récoltes (5). Et comme, à tout instant, sont créées des garennes nouvelles, l'on comprend que les paysans protestent souvent avec quelque énergie. La royauté elle-même a tenté d'intervenir : Jean le Bon ordonne la suppression des nouvelles garennes, mais cette interdiction reste sans effet, car

---

(1) Cf. R. de Maulde, *op. cit.*, pp. 31 et sqq. Au commencement du xiiie siècle, le comte de Joigny possède la gruerie dans la forêt d'Othe, qui appartient à Saint-Julien d'Auxerre (Quantin, *Recueil*, n° 148, p. 67). En 1282, le seigneur de Beaugency renonce à son droit de gruerie dans la paroisse de Saint-Laurent (*Cart. de la Trinité de Vendôme*, publié par l'abbé Métais, n° DCCXLIV, t. III, pp. 170 et sqq).

(2) Voy. R. de Maulde, *op. cit.*, pp. 484 et sqq; Championnière, *De la propriété des eaux courantes*, Paris, 1846, pp. 59 et sqq.

(3) L'archevêque Guillaume a 100 livres de revenu sur ses hommes de Saint-Jean-d'Angély « in recompensationem garenne sue dicti loci quam destruxerat » (*Olim*, t. II, p. 58, n° XIV, an. 1274). Voy. aussi *ibid.*, t. II, p. 399, n° VI, an. 1296.

(4) Voy. un procès entre Jean de Moy et ses hôtes « super eo quod idem Johannes volebat habere garennam per vim suam in garennis, bladis et jardinis eorum, licet non habeat baroniam vel castellaniam in villa predicta ». Les hôtes prouvent qu'ils ont racheté la garenne au prix de 50 livres parisis, et que plus tard le seigneur a voulu leur rendre les 50 livres et rétablir la garenne. Ils obtiennent gain de cause (*Olim*, I, p. 83, n° XVI, an. 1259).

(5) *Olim*, t. III, p. 1445, n° LXXV, an. 1318.

Charles VI la renouvelle d'une façon spéciale, reprochant aux seigneurs de ruiner leurs tenanciers et d'abuser de leur faiblesse (1).

Parfois, il est vrai, le seigneur renonce à son privilège exclusif de chasse, mais ce n'est jamais sans compensation (2). Lorsque, par hasard, les paysans possèdent le droit de se livrer à la chasse, c'est toujours en vertu d'une concession du propriétaire (3).

Le droit de pêche, comme le droit de chasse, appartient au propriétaire du domaine. Il est l'objet, ainsi que les cours d'eau euxmêmes, de transactions de toute nature (4). De bonne heure, le droit de pêche figure dans les actes comme l'une des parties essentielles du domaine (5), et, pendant tout le Moyen-Age, les seigneurs se gardent bien de négliger les revenus qu'il rapporte (6). Sans conteste, il constitue pour le seigneur un important monopole. Que, dans certains cas, les tenanciers puissent jouir de la pêche, cela ne fait point

---

(1) Voy. A. Maury, *Les forêts de la Gaule et de l'ancienne France*, Paris, 1867, pp. 118 et sqq., 417 et sqq. — C'est aussi pour étendre le territoire de chasse de leur maître que des officiers seigneuriaux s'efforcent de transformer en forêts des terres ravagées par la guerre et qui sont redevenues incultes : Voy. dans le *Cart. de Cormery*, n° LV, pp. 109 et sqq., un acte de 1123.

(2) Le comte d'Anjou, en 1321, renonce à son droit de garenne dans la quinte d'Angers. Il permet à tous les habitants de faire la chasse aux bêtes sauvages, mais, en compensation, il exige d'eux une coutume nouvelle (P. Marchegay, *Archives d'Anjou*, t. II, pp. 281 et sqq.).

(3) Voy. par exemple, L. de la Boutetière, *Dons d'hommes au XIIIe siècle en Bas-Poitou*, dans les *Arch. historiques du Poitou*, t I, p. 111. — En Alsace, les paysans ne possèdent le droit de chasse que dans des cas exceptionnels, et toujours par le fait d'une concession seigneuriale (Ch. Schmidt, *op. cit.*, pp. 146 et sqq.)

(4) Championnière, *op. cit.*, p. 56 ; et pp. 595 et sqq. — Vers 1030, l'abbaye de Savigny reçoit plusieurs pêcheries importantes (*Cart. de Savigny et d'Ainay*, publiés dans la *Coll. des Doc. inédits*, par Aug. Bernard, n° 711, pp. 366-67). Cf. *Cartulaire blésois de Marmoutier*, publié par l'abbé Métais, n° CLXIII, p. 155 ; Quantin, *Recueil*, n° 222, p. 98.

(5) En 974, le roi Lothaire confirme les droits de Sainte-Colombe de Sens « de foresta regia quæ est in Igauna flumine », c'est-à-dire le droit de pêche sur une partie du cours de l'Yonne (*Cart. de l'Yonne*, n° LXXV, p. 145).

(6) En 1274, Jean, seigneur de Mortagne, assigne à son frère une rente de 10 l. t. à prendre sur les pêcheries de Tournai (A. d'Herbomez, *Histoire des châtelains de Tournai de la maison de Mortagne*, Tournai 1895, Preuves, n° 147, t. II, pp. 190 et sqq).

de doute ; mais il s'agit alors d'un simple droit d'usage, et non d'un droit de propriété (1).

Nous arrivons donc à cette conclusion que c'est aux seigneurs qu'appartiennent les forêts, les cours d'eau et tous les droits qui dérivent de cette propriété. Mais les forêts produisent du bois de chauffage et du bois de construction ; ainsi que les landes et les prés, elles peuvent servir au pâturage. Rien d'étonnant si les paysans ont obtenu la jouissance d'une partie des terres qui ne sont pas livrées à la culture.

Ce sont des raisons économiques qui ont donné naissance aux droits d'usage. A une époque où toute la vie économique est bornée au domaine, les paysans doivent trouver sur place, et le bois qui servira à réparer leur maison, à fabriquer leur mobilier, leurs instruments de travail, et le bois qui leur est nécessaire pour se chauffer. D'autre part, l'insuffisance des voies de communication, la difficulté des transports ne permettent que rarement au seigneur de vendre son bois et d'opérer ces coupes régulières qui constituent aujourd'hui tout le revenu des forêts. Il a donc tout intérêt à autoriser les paysans à se servir sur place, selon leurs besoins, quitte à leur faire payer en récompense des redevances, qui lui donnent un revenu assuré. — C'est aussi à des nécessités économiques qu'il faut attribuer l'extension des droits de pâturage : l'élevage du bétail, des porcs surtout, est l'une des principales ressources de tenanciers, et joue, dans l'économie rurale du Moyen-Age, un plus grand rôle encore que de nos jours. Il convient donc au propriétaire de l'encourager, et d'autant plus que les droits de pâture constituent aussi pour lui une source de profits.

Les droits de jouissance sont comme la condition indispensable de toute exploitation rurale au Moyen-Age ; ainsi, lorsqu'une terre est livrée au défrichement, le seigneur accorde toujours aux hôtes des droits d'affouage et de pâturage dans la forêt voisine (2).

---

(1) Vers 1080, Rainaud de Château-Gontier avait revendiqué le château de la Glaise, mais « probatum est contra illum consuetudinem esse antiquam, omnium incolentium terram illam quæ est inter Glandessam et Gubernessam in aqua illa piscari... », mais les tenanciers n'ont pas le droit de vendre ce droit de pêche (De Trémault, *Cart. de Marmoutier pour le Vendômois*, n° XXVII, pp. 61-62).

(2) En Bourgogne, près de Pimelles, se trouvaient des terres incultes,

A défaut de propriété collective, les paysans possèdent des droits d'usage en commun.

* *

Ces droits sont d'abord assez peu précis ; comme le dit M. Léopold Delisle, « ils n'ont souvent d'autre limite que celle des besoins plus ou moins réels des tenanciers (1). » Mais peu à peu, surtout à partir du XIIIᵉ siècle, ils se sont fixés.

Il faut distinguer les droits d'usage proprements dits et les droits de pâturage. — La première catégorie comprend principalement ce qu'on appelle l'*affouage*. Les paysans peuvent ramasser les bruyères, les fougères, les feuilles tombées (2), cueillir les fruits sauvages, prendre du bois à brûler ; mais ils doivent se contenter du bois sec sur pied ou du « bois vert gisant » ; il leur est défendu presque toujours de couper les arbres vivants (3) ; et d'ailleurs, l'usage de la forêt est complètement interdit à certaines époques déterminées (4).

L'affouage n'est pas le seul droit des usagers : il peuvent prendre du bois pour clore leurs champs (5), pour bâtir ou réparer leurs maisons, pour fabriquer leurs instruments agricoles, leurs voitures (6).

---

redevenues désertes après avoir été autrefois habitées. Les seigneurs, vers 1150, permettent aux habitants de Pimelles de défricher une partie du bois. Les habitants donneront des redevances à leurs seigneurs, « et pro hujusmodi redditibus in predicta sylva omnes necessarios usus tam in pascuis pecorum quam in omnibus aliis commoditatibus lignorum haberent » (*Cart. de l'Yonne*, nᵒ 233, pp. 376-77).

(1) L. Delisle, *Etude sur la condition de la classe agricole en Normandie*, p. 371.

(2) Les hommes de Moret et de quatre autres villages avaient des droits d'usage dans la forêt voisine « videlicet percipiendi in dicta foresta brueriam, fulgeriam, folium quod cecidit de arboribus... » (*Olim* I, p. 876, nᵒ XXIX, an. 1271).

(3) Voy. *ibid.*, p. 54, nᵒ IV, an. 1258. Cf. de Maulde, *op. cit.*, pp. 142 et sqq.

(4) Ch. Schmidt, *op. cit.*, p. 135.

(5) L. Delisle, *op. cit.*, pp. 371 et sqq.

(6) Vers 1060, Ingelbaud de Vendôme, entre autres dons à l'abbaye de Marmoutier, lui concède « de silva Pertici pastionem ad trecentos porcos per singulos pascendos annos, et de ejusdem silve sicco bosco ad opus monachorum apud sanctum Gildericum commorantium suorumque hominum, quantum eis in omnibus sufficiat, similiter quoque retortas et rollones, sti-

Mais toujours, ces droits sont limités : souvent, la coutume fixe la quantité de bois qui pourra être prise dans la forêt; on stipule aussi, en bien des cas, que certains arbres ne pourront être touchés, par exemple les hêtres, les chênes, les pommiers et les poiriers sauvages (1). — Il ne faut pas oublier non plus qu'il existe des industries dont les matières premières se tirent des forêts, ainsi celles des potiers, des charrons, des charpentiers, des charbonniers et des sabotiers; souvent charbonniers et sabotiers ont élu domicile dans la forêt même (2).

Plus importants encore sont les droits d'usage relatifs à l'élevage du bétail. Les paysans ont le droit d'envoyer leurs troupeaux dans les forêts et surtout dans les landes et les bruyères; seuls sont exceptés souvent les chèvres et les moutons, dont on craint les dégâts. D'ailleurs la liberté de l'usage n'est pas illimitée : fréquemment, le nombre des têtes de bétail admises à la pâture est déterminé; et toujours, on interdit absolument le pâturage dans les jeunes bois de moins de 5, 4 ou 3 ans (3).

Comme les porcs constituent l'un des principaux éléments de l'économie rurale au Moyen-Age, partout les paysans ont joui du droit de *glandée* ou de *panage*. La coutume détermine l'époque à laquelle la forêt est ouverte aux porcs. Les tenanciers ont la permission de ramasser les glands dont s'engraisseront ces animaux (4).

---

mulos quoque et cavillas et hucias, et si quid hujusmodi aliud eis in rurali opere necesse fuerit; et quod ibidem habitantium bestiæ herbarum aquarumve liberos ingressus regressusque habeant ». (*Cartulaire de Marmoutier pour le Vendômois*, nº CXXIX, pp. 222 et sqq.).

(1) Ch. Schmidt, *op. cit.*, p. 135.

(2) L. Delisle, *op. cit.*, pp. 371 et sqq. — Le droit de faire du charbon est l'un de ceux auxquels les tenanciers tiennent le plus. Ainsi, en 1186, certains habitants de Séant, en Bourgogne, renoncent aux droits d'usage auxquels ils prétendaient « preter carbonagium de mortuis lignis habentibus duo capita ad terram, ita tamen ut pro una securi reddant fratribus Vallis Lucentis, singulis mensibus, duos denarios de carbonagio » (*Cartulaire de l'Yonne*, t. II, nº 364, pp. 374-75).

(3) Voy. R. de Maulde, *op. cit.*, pp. 149 et sqq.; Cf. *suprà*, p. 21, nº 5. — En ce qui concerne l'interdiction de la pâture aux chèvres et aux moutons, voy. Olim, I, p. 55, an. 1258.

(4) R. de Maulde, pp. 154 et sqq.; Ch. Schmidt, *op. cit.*, p. 144 et sqq.

Les tenanciers possèdent aussi le droit de vaine pâture sur les terres cultivées à certains moments de l'année, aux époques où elles ne portent pas de récolte. En Normandie les champs de culture sont « en deffens », protégées contre le droit de pâture depuis la mi-mars jusqu'à la Sainte-Croix de septembre : « En autres temps, dit le *Coutumier*, elles sont communes si elles ne sont closes ou defendues d'ancienneté, si comme de hayes ou telles choses »; on n'excepte de la vaine pâture que les bêtes malfaisantes, comme les chèvres ou les porcs (1). Les usagers sont, d'ailleurs, responsables de tous les dégâts que pourrait commettre leur bétail (2). Ces droits ou ces obligations de vaine pâture marquent-ils la trace d'une ancienne propriété collective? Rien ne permet de l'affirmer. Une agriculture encore assez rudimentaire, l'assolement triennal, qui laisse la terre en jachère un an sur trois, la quantité du bétail : voilà des conditions économiques qui suffisent à expliquer la vaine pâture. Et il ne faut pas oublier non plus que c'est, non pas la collectivité des habitants, mais le seigneur qui en règle l'usage.

* * *

Cette simple description des droits d'usage nous prouve déjà que les paysans n'en disposent pas en maîtres. Il est aisé de démontrer que ces droits dépendent très étroitement du seigneur, du propriétaire. Tout d'abord, c'est toujours lui qui les concède de sa propre volonté : les preuves en abondent dans tous les cartulaires. Citons un exemple entre mille : le prieur de Saint-Christophe en Halatte, à la fin du XVe siècle, possédait un certain nombre de bois étendus, où il exerçait tous droits de juridiction : « Entre autres », ajoute l'acte, « il maintenoit estre en possession de delivrer seul a ses hostes de Saint-Christophe et de Fleurines pasturage pour leur bestail et marrien pour ediffier en ses bois quant bon lui sembloit et que mestier estoit. » En un mot, ses hôtes ne peuvent faire paître leurs

---

(1) L. Delisle, *op. cit.*, pp. 159 et sqq. Cf. *Cartulaire de l'abbaye de Bithaine*, à la Bibl. Nat., coll. *Moreau*, t. 872, f° 184. Voy. aussi la *Très ancienne coutume de Bretagne*, éd. Planiol, Rennes, 1896, §§ 273 et sqq., pp. 262 et sqq.

(2) « Stephanus, major Vesolii dedit fratribus Cariloci... omnes pasturas in omnibus terris que ad jus suum pertinent..., et liberos transitus et vias per totam terram suam absque dampno segetum vel pratorum, dum in banno sunt » (*Cart. de Charlieu*, Bibl. Nat., *Latin*, 10,973, f° 34, 2°). Cf. *ibid.*, f° 32 r°. — Ces deux actes datent de la fin du XIIe siècle.

troupeaux qu'en vertu de son autorisation (1). — Les droits des vilains sont donc toujours, en quelque sorte, consécutifs aux droits de leur maître. Souvent des laïques accordent des droits d'usage à des sujets de seigneurs ecclésiastiques : c'est toujours en faveur de ces seigneurs, et non directement des paysans que la concession est faite.

Les droits d'affouage se limitent, sans aucun doute, aux besoins personnels des usagers : ils ne peuvent disposer de ces bois en toute liberté ; il leur est formellement interdit de les vendre, d'en tirer un profit pécuniaire. — En ce qui concerne le pâturage, le propriétaire marque clairement son droit supérieur, lorsqu'il en interdit l'usage à certains moment de l'année, notamment en mai et en juin, à l'époque de la frondaison (2). D'ailleurs, il est toujours maître à tout moment, s'il le juge opportun, de prononcer le *défens* sur ses bois, d'en interdire l'usage (3).

Mais la meilleure preuve des droits du seigneur, c'est que jamais, pour ainsi dire, les usages ne sont gratuits (4). Les usagers paient ou bien des *fouages,* ou bien des taxes proportionnelles au nombre de leurs bestiaux ou de leurs attelages (5). — Voici des exemples de fouages : dans le village de Noisel, qui appartient au chapitre de Notre-Dame de Paris, les tenanciers donnent par feu, une redevance de 1 denier parisis et d'un pain valant 3 deniers (6); au XVe siècle, les

---

(1) *Cartulaire du Prieuré de Saint-Christophe en Halatte*, publié par l'abbé Vattier, Senlis, 1876, pp. 53 et sqq. — Voy. aussi les exemples très précis cités par L. Delisle. *op. cit.*, pp. 161 et sqq.

(2) Vers 1100, Paien de Vaux et sa famille « et mestivias et in pascuis et in silva defensum maii en junii et missiones procorum suorum vel extraneorum, omnia reliquerunt » (*Cart. de Saint-Cyprien de Poitiers*, n° 225, p. 146). Cf. L. Delisle, pp. 369 et sqq.

(3) Voy. le débat qui s'est élevé, en 1137, entre l'abbé et les habitants de Vézelay : « Item conquesti sunt quod silvas in defensum posueramus que communes esse solebant. Ad hoc respondimus quod forestas nostras eis in necessitate sua communes feceramus, quas fere totas devastaverunt ; sed ex consilio quedam nemora communia in defensum posuimus, non plus pro nostro quam pro eorum commodo, tamen relictis adversum eos que sufficere possent » (*Cart. de l'Yonne*, n° 186, p. 320).

(4) R. de Maulde, *op. cit.*, pp. 181 et sqq.

(5) Voy. L. Delisle, pp. 381 et sqq.

(6) *Cart. de Notre-Dame de Paris*, publié par Guérard, t. II, p. 194 ; cf.

hommes de Rieux-en-Val, dans le pays de Carcassonne, possèdent le droit de faire paître leur bétail sur le territoire de Villemagne moyennant le paiement annuel de 4 livres (1).

La forme la plus ordinaire de la redevance usagère, c'est une taxe proportionnelle, que l'on appelle *minage* ou *avenage*, parce qu'elle s'effectue principalement en avoine (2). En 1258, les hommes de Nooleinval et de trois autres villages prétendent posséder des droits d'usage dans une forêt voisine. Ils déclarent qu'ils ont toujours payé 1 denier par bœuf ou par porc; et, ajoutent-ils, le paysan qui a une charette donne 2 mines d'avoine et un pain; celui qui n'en a pas donne seulement 1 mine et 1 pain (3). Pourquoi cette distinction? C'est ce que l'on suppose que le possesseur d'une charrette rapporte chez lui une charge plus considérable de bois (4). — Dans le Midi, la redevance perçue pour droit de pâture s'appelle en général *pas-*

Olim, I, 49, n° XXII, an. 1258 : pour user du droit de pâturage, les hommes d'Orville doivent par feu au seigneur un setier d'avoine, une poule et au sergent un denier et un pain d'un denier.

(1) Mahul, *Cartulaire et archives des communes de l'ancien diocèse et de l'arrondissement administratif de Carcassonne*, t. II, p. 608. — Au xiv⁰ siècle, les habitants de Grayau paient au seigneur de Lesparre 2 sols, 9 deniers par feu pour le pacage et l'herbage dans les landes de la paroisse (Brutails, *Introduction au cartulaire de Saint-Seurin de Bordeaux*, Bordeaux, 1897, pp. LII et sqq).

(2) Les hommes de Cuy, en Normandie « racione herbargii quod habent in bosco quodam domini Regis, ibidem tenentur reddere domino Regi avenam ». (*Olim* I, p. 860, n° XX, an. 1271).

(3) *Olim*, I, p. 56, n° X. Cf. *ibid.*, p. 17 n° VII. — Voy. aussi Gabriel, *Les campagnes dans le Verdunois au xiᵉ siècle*, dans les *Mémoires de la Société des lettres de Bar-le-Duc*, 2ᵉ série, t. I. pp. 136 et sqq : il publie un acte de 1287, dont voici un passage caractéristique : « Li assise est telle : Chacune beste tirant en champs, soit biche, soit chevaux doibt à la feste Saint-Remy en vendanges, une quarte de bled, moitié avoine, moitié froment payable. Et la beste d'un an a quatre pieds doibt a la feste sainct Jean un denier. Et li homme, cil qui a beste en champ tirant, doibt seulement a feste sainct Jean 12 deniers et une geline et a feste sainct Remy douze et une geline, et à Noel douze et une geline et à l'année marchie une oye ou une geline s'il n'a pas d'oye ». — Dans le Bordelais, au xvᵉ siècle, l'avenage s'appelle *civadatge*, et il s'élève fréquemment à 2 sous, 6 deniers par feu; il a été transformé en un fouage (Brutails, *op cit.*).

(4) Voy. à ce sujet un texte significatif dans Teulet, n° 4474, t. III, p. 454.

querium; elle est calculée, le plus souvent, d'après le nombre de têtes de bétail (1).

Il arrive aussi que les paysans, qui jouissent d'usages, donnent en récompense des corvées à leur seigneur; ainsi, au xiii⁰ siècle, cha-·que homme de Maison est astreint à trois corvées par an, si, pour traîner sa charrue, il a un cheval, un âne ou un bœuf (2).

Le *panage,* que le seigneur exige pour la pâture des porcs, se dis‿tingue dans les actes des autres redevances, mais il est de même nature, de caractère identique. En 1193, les habitants de Coulours, en Bourgogne, donnent 4 deniers par porc adulte, 1 denier pour chaque porc ayant moins d'un an (3); souvent en Alsace, les paysans livrent, pour le panage, un porc sur dix ou 1 denier par tête d'animal (4).

En un mot, l'obligation de la redevance est générale; c'est elle qui légitime l'usage, et la preuve c'est que les paysans ne peuvent donner de meilleur argument pour démontrer leurs droits d'usage que d'établir qu'ils paient au seigneur une taxe. Au xiii⁰ siècle, un procès s'engage entre l'abbé de Saint-Victor et les hommes de Soisy qui prétendent à des droits d'usage dans les bois de Saint-Victor; pour contester cette prétention, l'abbé s'efforce de prouver non seulement que les villageois ne tiennent de lui aucune terre, mais qu'ils ne lui donnent aucune redevance pour le pâturage (5). En 1258, un chevalier, Denis Maugarz, veut créer un étang sur son domaine; les hommes de Nanoi prétendent l'en empêcher, sous prétexte qu'ils ont sur ce domaine un droit d'usage; le chevalier déclare, au contraire, qu'il peut transformer sa terre à sa guise, car ces paysans ne lui donnent aucune redevance, et il leur a laissé le droit de pâture à titre purement gracieux (6). Beaumanoir soutient aussi

---

(1) *Terrier des comtes de Provence,* Bibl. Nat., *latin* 10,125, f⁰ 58.

(2) *Cart. de Saint-Maur,* Arch. Nat., LL 46, f⁰ 109. — Cf. un acte de 1388 dans le *Cart. de l'abbaye de Bithaine, loc. cit.,* f⁰ˢ 238 et sqq.

(3) *Cart. de l'Yonne,* t. II, n⁰ 444, p. 450.

(4) Ch. Schmidt, *op. cit.,* pp. 144 et sqq. Sur un domaine de l'abbaye de Bithaine, en Franche-Comté, au xv⁰ siècle, les tenanciers paient pour le panage 12 deniers par porc (*Cart. de Bithaine,* f⁰ˢ 244 v⁰ et sqq).

(5) *Olim,* t. I, p. 334.

(6) «... Ipso milite dicente quod terram suam poterat emendare cum nihil inde sibi redderent et pasturam eis de gracia dimisisset » (*ibid.,* p. 65). — En 1267, Raymond de Mévouillon se plaint au sénéchal de Venaissin que les

que l'usage n'est valable que si l'usager en rend cens, rente ou redevance (1).

Les droits d'usage constituent encore pour le seigneur ou ses agents une autre sorte de profits : tous les délits, dont ils sont l'occasion, donnent lieu à des amendes. Les forestiers ont mission de punir toutes les contraventions commises dans les bois. Souvent des agents spéciaux (*pasnagiarii*, panagers) surveillent la pâture et surtout la pâture des porcs (2). — Si les vilains font paître leur bétail dans des endroits où ils n'ont pas l'usage, le seigneur les punit d'une amende (3). S'il ne paient pas la redevance à l'époque fixée par la coutume, le maître est en droit de saisir le bétail (4). S'ils mènent paître leurs bêtes dans un bois qui a moins de trois ans, ils sont passibles, dans certains pays, de 60 sous d'amende (5). Couper un arbre vert, et surtout un chêne ou un hêtre, voilà encore un délit qui est sévèrement réprimé (6). — Toutes ces amendes, d'abord arbitraires, ont été peu à peu fixées par la coutume, qui souvent établit un véritable tarif pour les diverses contraventions. Voici, par exemple, celui qui est en vigueur à Bray, au début du xvᵉ siècle : quiconque coupera un chêne vert paiera 60 sous, un chêne plus vert que sec, 15 sous, un chêne plus sec que vert, 5 sous ; pour avoir abattu un chêne la nuit, on est condamné à une amende de 6 livres parisis. Ces tarifs n'empêchent pas, d'ailleurs, les agents seigneuriaux de lever sur les paysans des amendes indues ; nombreuses

---

hommes de Malaucène, sujets d'Alfonse de Poitiers, fassent paître leurs troupeaux sur ses terres, bien qu'ils n'y aient aucun droit, puisqu'ils ne paient aucune redevance de pâture (*Correspondance administrative d'Alfonse de Poitiers*, publiée par Aug. Molinier, dans la Coll. des Doc. Inéd., nᵒ 572, p. 350).

(1) Voy. L. Delisle, *op. cit.*, p. 168. — D'autre part, lorsque l'usage, pour une raison ou pour une autre, est interrompu, le propriétaire doit cesser de percevoir l'avenage : cf. Boutaric, *Actes du Parlement de Paris*, nᵒˢ 93-95, p. 322).

(2) *Olim*, t. I, pp. 365-66, nᵒ VIII, an. 1270.

(3) C'est ce qu'on appelle parfois le droit de *blaerie* (*ibid.*, p. 237, nᵒ II, an. 1266).

(4) *Ibid.*, p. 183, nᵒ XIV.

(5) *Coustumes d'Anjou et dou Maigne*, § 164, dans Beautemps-Beaupré, *Coutumes et institutions du l'Anjou et de Maine*, t. I, p. 166.

(6) Voy. R. de Maulde, *op cit.*, pp. 175 et sqq.

sont les exactions dont ils se rendent coupables. Nul doute, en tout cas, que les amendes, issues des droits d'usage, n'aient souvent rapporté aux seigneurs des revenus assez considérables (1).

De tout ce qui précède, l'on peut conclure que les droits d'usage ne dépendent que du seigneur, que lui seul peut les concéder et qu'il en tire des redevances : ils apparaissent nettement comme l'une des manifestations de l'autorité domaniale et de l'exploitation seigneuriale.

* *

Si les droits d'usage ne portent pas atteinte, dans son principe, au droit de propriété du seigneur, il est certain, d'autre part, que les droits des tenanciers se transforment fatalement en une sorte de *possession perpétuelle*. Et remarquons aussi que ces droits de possession ont un caractère collectif, car les usages s'appliquent toujours non à des individus en particulier, mais à l'ensemble des habitants du village, de la paroisse, à l'*universitas hominum*, à la *communitas villœ* (2).

Ce n'est pas le fonds même de la terre qui constitue la propriété collective des paysans, mais uniquement les droits d'usage. C'est, en somme, une forme de propriété d'un caractère spécial, mais pour la désigner, il est très légitime d'employer le terme de *propriété*. Ne voyons-nous pas que lorsqu'il y a prescription de 30 ou 40 ans, les droits d'usage ne peuvent plus être contestés à leurs possesseurs (3)?

---

(1) Les moines de Foigny accordent des droits d'usage à leurs paysans : « Si vero monachi bestias eorum in agris vel in pratis suis dampnum sibi facientes invenerint, absque ulla contradictione ad domum suam esse ducent, ibique rustici de forisfacto justiciam prosequentur. Ad hec concesserunt ut jam dicti vicini mortuam silvam incidant. Si vero fagum vel quercum seu arborem fructiferam secantes inventi fuerint, lege terre per justiciam monachorum emendationem inde facient » (*Cart. de Foigny*, Bibl. Nat., *latin* 18.373, f° 25).

(2) Pour s'en convaincre, il suffit de parcourir n'importe quel cartulaire. Voy. aussi L. Delisle, *op. cit.*, pp. 154 et sqq.

(3) Voy. les statuts de Simon de Montfort pour l'Albigeois, en 1212 : « Item in nemoribus, aquis et pascuis habeant usuarium suum homines vill.rum, sicut habuerunt a triginta annis... » (Dom Vaissette, *Hist. du Languedoc*, éd. Molinier, t. VIII, c. 631, n° 165). En 1258, un procès éclate entre les hommes de Talemont et Thibaud de Beaumont, au sujet d'un droit de pâture. Il est prouvé que ces hommes en sont en possession depuis quarante ans. La prescription en consacre l'usage (*Olim*, t. I, p. 55, n° VIII).

Bien plus, les contemporains eux-mêmes, lorsqu'ils parlent de simples droits d'usage, n'hésitent pas à voir en eux un droit de propriété. En voici un exemple tout à fait typique : en 1300, un chevalier, appelé Adam Chace-Lièvre, conteste aux hommes de plusieurs villages le droit de pâture dans l'un de ses bois, bien que l'usage s'en soit établi, mais frauduleusement, prétend-il. Les vilains soutiennent énergiquement leurs prétentions ; je cite l'acte textuellement : « ... Ex adverso autem, pro dictis hominibus proponebatur eos et antecessores eorum esse et fuisse in saisina pacifica de pasturando bestias suas in nemoribus dicti militis, a tempore tanto quod acquisierunt *jus proprietatis* in pasturagiis predictis, videlicet a decem, viginti, triginta et quadraginta annis... ducendo videlicet in dicta pasturagia vacas ad quintum folium, equos post duos annos completos a tempore scissionis dicti nemoris... » (1). Ainsi le terme *droit de propriété* est appliqué à de simples usages, et pour lesquels les tenanciers sont tenus à une redevance annuelle d'un denier par feu.

Et, de fait, il est de règle que les paysans ne puissent être frustrés de leurs droits d'usage. Lorsqu'une terre est vendue ou donnée par un seigneur, celui-ci, le plus souvent, stipule dans l'acte que ses hommes conserveront sur la terre les usages qu'ils possédaient (2). On voit aussi des villages s'opposer à la vente de bois ou de forêts, parce qu'ils y ont des droits d'usage que la vente pourrait anéantir (3). D'autres fois, des tenanciers prétendent empêcher certains défrichements qui supprimeraient pour toujours leurs usages : ainsi, en 1261, le prieur de Saint-Sauveur de Melun s'apprête à faire défricher des terres qui sont situées près de la Rochette ; les hommes de cette localité s'opposent au défrichement, parce qu'ils possèdent le droit de faire paître leurs troupeaux sur ces terres ; le prieur, de son côté, soutient qu'il a le droit d'ordonner le défrichement, non

---

(1) *Olim*, t. III, p. 56.

(2) En 1160, Seguin de Saint-Florentin vend à l'abbé de Pontigny la forêt de Saint-Pierre-de-Venizy ; il réserve les droits d'usage de ses hommes de Venizy et de certains habitants de Turny (*Cart. de l'Yonne*, t. II, n° 109, p. 117). Cf, *Cart. de l'abbaye de Saint-Aubin-d'Angers*, publié par Bertrand de Broussillon, Angers, 1896, p. 310.

(3) En 1261, Thibaud de Moret, chevalier, vend un de ses bois : « ... Homines de Fonte-Bliaudi fecerunt vendam arrestari, dicentes quod jus et usagium habebant in eodem » (*Olim*, t. I, p. 550, n° IX).

seulement parce que les terres lui appartiennent, mais aussi parce que les hommes du village ne paient aucune redevance qui légitime leur droit de pâture. Le prieur gagne, d'ailleurs, son procès, mais on lui impose l'obligation de laisser aux paysans la vaine pâture (1).

Souvent, les droits d'usage constituent pour les hommes d'une localité un véritable monopole : telle est, par exemple, la prétention des hommes de Fontainebleau et de Bois-le-Roi sur la forêt royale dont ils sont les voisins (2). Les hommes de la Chapelle veulent empêcher les moines de Charlieu d'envoyer leurs bêtes sur certains pâturages, dont ils prétendent se réserver l'usage exclusif. Du privilège de l'affouage ou de la pâture, tout étranger est rigoureusement exclu (4).

Il n'est pas rare de voir deux villages voisins se disputer âprement les droits d'usage (5). Si les hommes de l'une des paroisses renoncent à leurs prétentions, ce n'est, en général, que moyennant une indemnité assez considérable (6).

Les droits d'usage constituent à tel point un objet de propriété que, dans certains cas, les vilains les vendent à leur seigneur (7) ; ou bien encore, l'abandon qu'ils font de leurs droits en faveur de

---

(1) *Ibid.*, p. 516.

(2) *Olim*, t. III, p. 88.

(3) *Olim*, t. I, p. 138.

(4) *Ibid.*, pp. 359-60, n°, an. 1270.

(5) « Cum super discordia, in curia comitis Rouciaci apud Syssonam, racione saisine quorumdam pasturagiorum, mota inter homines ville de Syssona, ex una parte, et homines ville de Chivre ex altera, facta fuisset quedam inquesta... » (*Olim*, t. III, p. 726, n° XVI). Cf., *ibid.*, t. I, p. 217.

(6) En 1257, éclate un procès entre les habitants de Chennevières et ceux de la Varenne au sujet de droits d'usage et de pâturage. Les gens de Chennevières renoncent à leurs prétentions, mais en récompense les hommes de la Varenne leur donneront 20 livres parisis par an (*Cart. de Saint-Maur*, Arch. Nat., LL46, f° 96).

(7) Voy. cet acte de 1220 : « ... Et etiam venditionem concedo et approbo quam Johannes prepositus de Milliaco, Robertus major, Ligerius, Radulfus Courras, Evrardus Barraguins, Bartholomeus Boutevilain feçerunt dictis fratribus de usagio et omni jure alio quod habebant si quid habebant in dicto nemore vendito et in omnibus aliis nemoribus que ipsi fratres habent ad grangiam suam de Coldroio... » (*Cart. de Beaupré de Beauvais*, Bibl. Nat., *latin* 9973, f° 100).

leur maître n'est que le prix d'un affranchissement : en 1266, le chapître de Sens affranchit les habitants de Saint-Aubin-de-Châteauneuf de la mainmorte et de la taille arbitraire ; en récompense, ces habitants renoncent à tous les droits d'usage et de pâturage qu'ils possédaient dans les bois des chanoines (1).

Il n'est pas téméraire d'affirmer que tous ces droits fout en quelque sorte partie des tenures des vilains. Ils en sont comme le prolongement. Une première preuve, c'est que, dans les actes de vente, on trouve des paysans qui sont cédés *avec leurs tenures et. leurs usages* (2). Une autre, c'est que lorsque des procès éclatent entre propriétaires et tenanciers au sujet de ces droits, on adopte souvent la solution suivante : le seigneur réserve à son usage exclusif la moitié du territoire grevé d'usages, et il permet aux paysans de défricher à leur profit l'autre moitié, tout en exigeant d'eux le paiement d'un cens pour les cultures nouvelles (3). — Il arrive, d'ailleurs, fréquemment que les usagers défrichent une partie des bois sur lesquels ils possèdent des droits d'usage ; l'autorisation du seigneur est nécessaire, mais ce dernier ne se refuse guère à l'accorder, car ces défrichements augmentent la valeur de son domaine (4).

Le privilège des tenanciers s'impose à tel point au seigneur que souvent il consent à limiter le nombre des têtes de bétail qu'il envoie au pâturage commun (5).

Les droits d'usage grèvent donc la valeur des propriétés, et sou-

---

(1) Quantin, *Recueil de Chartes pour faire suite au carlulaire de l'Yonne*, n° 628, pp. 308-09.

(2) En 1254, les moines de Bithaine cèdent à l'abbé de Luxeuil un certain nombre de leurs tenanciers de Pomoy « cum tenementis et usuariis eorumdem que habebant tempore compositionis in villa et finagio de Pomoy *ratione tenementorum suorum* » (*Cart. de Bithaine*, f° 201).

(3) Voy. un acte de 1243, dans Quantin, *Recueil*, n° 492, p. 225.

(4) Voy. *Cart. de l'Yonne*, t. II, n° 192, p. 209 ; Ch. Schmidt, *op. cit.*, pp. 139 et sqq. — L'usager obtient parfois aussi la permission de construire sa maison dans le bois où il exerce ses droits. Voy. une charte de Geoffroy, comte du Perche, vers 1080 : « Do etiam et concedo omnes saltus meos consuetudinarios usibus ecclesie Sancti Dionisii et habitaculis monachorum omnibusque hominibus illorum, ita ut homo Sancti Dionisii, si voluerit, intra saltus habitet, et exinde domum suam edificet... » (*Cart. de Saint-Denis de-Nogent-le-Rotrou*, publié par l'abbé Métais, n° VII, p. 30).

(5) Voy. Ch. Schmidt, p. 158.

vent d'une façon fort sensible, et c'est pourquoi, dans les ventes, on ne se fait pas faute de les notifier (1). Nous aboutissons à cette conclusion qu'en fait les usages limitent, sans le supprimer, le droit de propriété du seigneur. Aussi ne peut-on s'étonner si, dans nombre de cas, les propriétaires ont tenté de les anéantir (2), ou, tout au moins, de les amoindrir (3).

D'autre part, il est naturel que le long usage d'une forêt fasse naître chez les paysans l'idée qu'ils en sont les véritables propriétaires (4). Et ici encore un rapprochement s'impose entre la nature des droits d'usage et le caractère de la tenure servile ou vilaine. La tenure ne constitue pas pour le paysan une pleine et entière propriété ; il en a seulement, moyennant des redevances et des services dûs au seigneur, la jouissance perpétuelle. Mais cette tenure, il la laisse à ses enfants, elle reste à la famille pendant des siècles ; c'est bien un patrimoine. De plus en plus, le cultivateur voit en elle une véritable propriété, et il en oubliera à tel point l'origine qu'un jour il s'indignera contre les devoirs et les services dont elle est grevée.

Il en est exactement de même des droits d'usage. Pour l'ensemble des habitants d'un village, la possession en est perpétuelle ; il y a là une véritable propriété, d'une forme particulière, une *propriété de*

---

(1) En 1214, l'abbé des Escharlis déclare que la partie qu'il possédait dans le Bois-Jocelin « propter generale usuarium quod homines sancti Juliani ibidem habebant, nobis et ecclesie nostre esset in modico fructuosa »; il la vend pour 40 livres. (Quantin. *Recueil*, n° 143, p. 65.)

(2) En 1264, procès entre Jean de Halle et Gautier de Cortenz, d'une part, et les hommes de Bobiez, d'autre part, « super eo videlicet quod ipsi armigeri aisancias et pasturagia ipsorum hominum quas habuerant a tempore quo non est memoria, appropriabant sibi et ad prata sibi propria redigebant ipsi armigeri... » (*Olim*, t. I, p. 595, n° VIII); cf. *ibid.*, t. II, p. 87, t. III, p. 1335.

(3) R. de Maulde, *op. cit.*, pp. 162 et sqq. — Déjà au xiiie siècle, il arrive que le seigneur enclot une partie de ses bois, dont il se réserve l'usage exclusif; voy. par exemple, *Chartes de l'église de Beauvais*, Bibl. Nat., *Coll. Grenier*, t. CCCXI, n° 19. — L'ordonnance royale de 1346 ne permet, à l'avenir, la concession d'aucun droit d'usage dans les forêts. Une autre ordonnance, de 1376, maintient les droits d'usage, mais les réglemente : ils seront annuels, limités à certains cantons déterminés. (A. Vuitry, *Etudes sur le régime fianancier ds la France*, Nouv. Série, t. I. pp. 450 et sqq.)

(4) Ch. Schmidt, p. 134.

jouissance, d'usage, si l'on peut dire. Mais aussi le seigneur continue à être propriétaire du fonds ; il'perçoit les redevances, qui sont comme la rançon de ces usages, et il exerce sur les terres réservées aux besoins communs tous les droits de juridiction. — Un exemple précis illustrera cette vérité. L'abbé de Saint-Bénigne de Dijon, en 1291, affranchit les habitants de Baigney. Et, en même temps, il leur accorde les droits d'usage les plus complets sur quelques-uns de ses bois ; il veut qu'ils soient « bateiz et commun à touz les habitans de ladite vile » ; mais ceux-ci ne pourront les défricher sans lui en demander l'autorisation et sans s'engager à lui donner la dîme des nouvelles cultures : « Et volonz », ajoute-t-il, « que ils puissent ledit bateiz mettre en deffans en lour touz ensemble, se il lour plaist ». Mais il se réserve, dans certains cas, les amendes provenant des délits qui seront commis dans ces bois communaux. Les habitants auront encore le droit de nommer un forestier, mais ce dernier prêtera serment entre les mains de l'abbé ou de ses agents (1). Ne saisit-on pas avec la plus grande netteté le départ des droits du propriétaire foncier et des usagers, et dans un cas où ceux-ci jouissent des droits les plus étendus ?

Ainsi peu à peu, d'une marche insensible, les communautés de village semblent s'acheminer vers l'acquisition de propriétés collectives, comme le tenancier, usufruitier perpétuel, s'achemine vers la propriété pleine et entière de sa tenure.

*
* *

Il est, en effet, infiniment probable que beaucoup de biens communaux dérivent directement de simples droits d'usage. Et il est même assez piquant de constater qu'un certain nombre de ces propriétés collectives sont nées précisément des efforts tentés par les seigneurs pour limiter les droits d'usage.

Pour résister aux prétentions sans cesse croissantes des usagers ou pour étendre leur territoire de chasse, bien des propriétaires prirent le parti de détacher de leurs forêts des territoires plus ou moins considérables, dont ils se réservaient peu à peu la jouissance : ce sont des *défens,* ou encore des *haies,* des *plessis,* des *taillis,* des *parcs,* des *brosses* (2). Dès le XIIIe siècle, dans toutes les régions de

---

(1) J. Garnier, *Chartes de communes et d'affranchissement en Bourgogne,* nº CCCCX, t. II, pp. 413 et sqq.

(2) L. Delisle, *Etude sur la condition de la population agricole en Normandie,* pp. 344 et sqq.

la France, s'introduit la coutume du *cantonnement :* le seigneur rachète les droits de certains usagers, en leur cédant, en toute propriété, une partie de la forêt (1). En voici un exemple assez net : en 1238, la communauté de Ligny, en Bourgogne, prétendait avoir des droits d'usage dans la forêt de Saint-Etienne, qui appartenait à l'abbé de Pontigny ; elle est déboutée de ses prétentions, mais comme dédommagement, l'abbé lui abandonne la moitié de la forêt (2).

Il est vrai que parfois le cantonnement n'a pour effet que de laisser aux habitants des droits d'usage sur la partie de la forêt que le seigneur ne s'est pas réservée (3). Mais même dans ce cas, il est presque toujours stipulé que le propriétaire ne pourra vendre ou aliéner les terres où les paysans gardent leurs usages ; et bientôt ceux-ci les considèrent comme de véritables biens communaux (4). Le fait important, c'est qu'il y eu contrat entre le seigneur et ses tenanciers. M. A. Rivière le dit très justement : « Ce fut sans doute par ces transactions entre les communautés et les seigneurs, par ces partages des immeubles indivis que les communautés parvinrent à substituer à leurs usages plus étendus une propriété libre et franche sur les biens d'une petite superficie (5). » M. de Maulde remarque que, dans l'Orléanais, au xive et au xve siècle, on trouve déjà des forêts paroissiales d'une étendue considérable, et il en attribue aussi l'origine au cantonnement (6).

L'on comprend qu'entre des droits d'usage étendus et des propriétés communales, la distinction soit souvent malaisée et qu'il ait

---

(1) *Ibid.*, pp. 349-50.

(2) Quantin, *Recueil*, n° 443. p. 199.

(3) Voy. un acte de 1198 (*Cart. de l'Yonne*, t. II, n° 486, p. 496), et un acte de 1257 (*Cartulaire normand*, publié par L. Delisle, dans les *Mémoires de la Soc. des Antiquaires de Normandie*, t. XVI, n° 575, p. 107).

(4) Voy., en 1265, un procès entre l'abbaye de la Trinité de Vendôme et ses hommes de Lancôme au sujet des bois de Lancôme. On convient que les habitants auront les droits d'usage sur une partie des bois, soigneusement délimitée ; ils paieront une redevance, mais les moines ne pourront vendre ou aliéner cette partie du domaine, qui s'est transformée en biens communaux, existant encore aujourd'hui. (*Cart. de la Trinité de Vendôme*, n° DCCXXV, t. III, pp. 138 et sqq.)

(5) Arm. Rivière, *Histoire des biens communaux en France depuis leur origine jusqu'à la fin du XIIIe siècle*, Paris, 1856, pp. 396-97.

(6) R. de Maulde, *op. cit.*, pp. 165 et sqq.

pu y avoir des transitions insensibles. Ainsi, grâce aux droits d'usage, des biens communaux ont pu se constituer au Moyen-Age et même à une époque relativement moderne. Les institutions sociales du Moyen-Age ne sauraient donc contribuer à prouver que la propriété collective a toujours précédé la propriété individuelle. Elles tendraient plutôt à prouver le contraire.

Et en effet quand on parle de *propriété collective*, n'y a-t-il pas dans ce terme une équivoque ? Les partisans de la théorie en question pensent qu'avant le triomphe de la grande propriété foncière, il existait des villages, des agglomérations d'hommes libres, entre lesquels toutes les terres étaient communes. Mais ces groupements existaient-ils? Cela est fort douteux. Et ces hommes libres n'appartenaient-ils pas à une classe supérieure ? Ne faisaient-ils pas cultiver leur lot de terres par des esclaves?

Or, ce qui apparaît clairement au Moyen-Age, c'est que les biens communaux appartiennent à un ensemble de personnes d'une condition inférieure, à des sujets, à des tenanciers.

Et, pour qu'il y ait *copropriété de village*, la condition indispensable, c'est que le village forme déjà un tout *organique*, qu'il y ait au moins un embryon de *commune* politique ou administrative, que les habitants commencent à être unis par des intérêts communs. Ces institutions nouvelles commencent à apparaître dans les derniers siècles du Moyen-Age, et c'est précisément à la même époque que, pour la première fois, on peut percevoir nettement l'existence de biens communaux.

*
* *

Des causes multiples ont créé ces *communes* villageoises. Mais l'une des plus importantes, c'est l'existence de droits d'usage *en commun*, possédés par l'ensemble des habitants d'un village; ils ont resserré les liens de l'agglomération villageoise. Ces droits donnent souvent lieu à des procès; les différends qu'ils suscitent avec le seigneur obligent tous les habitants à se faire représenter par un procureur, qui soutienne leurs intérêts communs. Souvent il n'y a eu qu'une influence indirecte.

Mais parfois aussi ce sont les droits d'usage qui engendrent directement la communauté villageoise. En 1214, Asselin de Méry affranchit de la mainmorte les habitants de Sacy, en Bourgogne; il accorde, en même temps, à la communauté du village « *communi ville* » des pâtures communes, des droits d'usage; quatre ou cinq prudhommes seront élus, qui auront pour fonction de régler toutes les questions relatives à ces droits (1). En 1272, les moines de Fontenay affranchissent de la mainmorte les gens de Fresnes ; ils leur accordent aussi des droits d'usage dans les bois ; et il est convenu que les revenus des amendes, issues de délits forestiers, seront partagés entre les moines et la communauté villageoise ; et cependant les habitants, qui la constituent, ne sont pas encore complètement délivrés du servage, puisqu'ils restent « taillables haut et bas (2) ». — Il y a eu là action réciproque de deux phénomènes : si les droits d'usage ont contribué à donner aux agglomérations rurales comme des rudiments d'organisation municipale, d'autre part, la formation des communautés de village a souvent déterminé la création de biens communaux.

On a d'ailleurs souvent confondu la copropriété de village et la copropriété de famille. Il faut remarquer qu'au Moyen-Age, les tenures, en bien des cas, appartiennent moins à l'individu qu'à la famille et restent indivises, non seulement entre frères mais entre cousins : ainsi s'explique la mention si fréquente de *consortes*, de *partionarii*, cotenanciers du même manse. Bien des contrats de bail à cens sont conclus par tout l'ensemble d'une famille (3). En Normandie, nous savons que la *vavassorerie* peut se partager entre un nombre infini de possesseurs, qui souvent la détiennent de façon indivise. Les copartageants sont supposés fils du même père ; ils sont le plus souvent issus de la même famille. Ainsi, au commencement du xiiie siècle, pour citer un exemple, nous voyons 77 acres de terre, possédées en commun par 39 individus (4).

Ces communautés de famille sont assez fréquentes, surtout dans

------

(1) Quantin, *Recueil*, nᵒ 136, pp. 62-63.

(2) J. Garnier, *op. cit.*, nᵒ CCCLXXXII, t. II, pp. 330 et sqq. — Cf. *ibid.*, nᵒ CCCCXIV, t. II, pp. 423 et sqq.

(3) Voy., par exemple, cette mention, de 1292 : « Guillelmus Echarryers, carpentarius, et Guillelmus Constantii *cum parcionariis eorum*, duodecim denarios de maynili ouz Constantz et ous Escharryers » (*Archives de l'Hôpital Neuf de Pons*, publiées par G. Musset, dans les *Archives historiques de la Saintonge et de l'Aunis*, t. IX, 1881, p. 289). L'indivision entre membres d'une même famille est un fait fréquent dans toutes les régions de la France. Voy. aussi Brutails, *Introd. au cartulaire de Saint-Seurin de Bordeaux*, pp. XLV et sqq.

(4) L. Delisle, *op. cit.*, pp. 32 et sqq.

les pays, où la mainmorte s'est conservée longtemps, comme en Nivernais. Pour quelle raison ? C'est que le *bordelage,* la terre de mainmorte réelle, revenait au seigneur, si le bordelier n'avait pas d'héritier vivant en communauté avec lui. Bien des communautés se sont ainsi formées pour éluder la mainmorte. C'est ce qui explique le développement des *communautés taisibles* dans le Nivernais. Ce qui est frappant, c'est qu'elles paraissent ne s'être créées qu'au moment où l'institution du bordelage s'est propagée, c'est-à-dire à une époque relativement récente, à partir du XIVe siècle (1). Par la force des choses, il s'est formé, à tout instant, des communautés de biens, auxquelles, par conséquent, il est impossible d'assigner une lointaine origine.

Remarquons encore qu'il n'est pas toujours facile de distinguer la copropriété de famille et la copropriété de village. Des terres, qui nous apparaissent comme des communaux de village, n'ont souvent pour origine que des possessions familiales. La famille s'est développée, peu à peu elle a formé à elle seule tout un village. M. Brutails nous en fournit un exemple bien significatif : en 1525, dans le Bordelais, une terre est possédée en commun par trois membres de la famille Gascq ; en 1717, sur la même terre, voici tout un village, le village de Pey-Gascq, dont tous les tenanciers sont solidaires : ce sont évidemment les descendants d'une même famille (2). Le cas, à toutes les époques de l'histoire, ne s'est-il pas souvent présenté ? C'est très vraisemblable. Et peut-être, en définitive, la copropriété de village, dans les régions où elle a réellement existé, n'est-elle qu'une extension toute naturelle de la copropriété de famille ?

Quoi qu'il en soit, il est permis de douter que les sociétés primitives aient connu un véritable *collectivisme agraire.* Car ce collectivisme suppose deux conditions qui n'ont pas dû se réaliser : la

---

(1) Ant. Boucomont, *Des mainmortes personnelle et réelle en Nivernais,* Paris, 1896, pp. 91 et sqq. — Dans le Bordelais, nous voyons les membres de la famille de Gueyraud établie, du XIIIe au XVe siècle, sur le même domaine, à titre de censitaires : il s'agit bien là d'une copropriété familiale (Brutails, *loc. cit.*).

(2) Brutails, p. XLVIII. — L'auteur remarque aussi très justement (p. XLIX) que les tenanciers solidaires ne sont pas forcément des communistes ; la tenure est grevée d'un cens unique, forme un seul tout à l'égard du seigneur, mais sans qu'il y ait forcément indivision.

première, c'est qu'il y ait eu des communautés rurales organisées ;
la seconde, c'est qu'entre les membres de ces communautés, il n'y
ait eu aucune hiérarchie sociale. Or, ces deux phénomènes semblent ne pouvoir être que le produit d'une longue évolution. C'est
seulement au Moyen-Age qu'on commence à les voir se dessiner. A
ce moment, le tenancier vilain, issu de l'esclave et du serf, s'achemine peu à peu vers la propriété ; à ce moment aussi les communes rurales obscurément s'organisent. Le collectivisme agraire
est peut-être la forme sociale de l'avenir ; il semble bien qu'il n'ait
pu être une institution du passé, car il implique un développement
communal et un nivellement social, que nos sociétés mordernes elles-
mêmes ne connaissent pas.

Et voici peut-être à quoi il convient de réduire la théorie de la propriété collective. Aux époques primitives, la population était sans
doute très clairsemée ; la plus grande partie du sol restait inexploitée. L'Europe tout entière était couverte d'immenses forêts, que
perçaient de rares clairières, et au milieu desquelles s'étendaient
d'épars champs de culture. Combien devait-il y avoir de terres
sans maître ! Elles étaient à tout le monde par le fait qu'elles
n'appartenaient à personne ; en ce sens, elles étaient communes ;
mais est-ce à dire qu'elles formassent des propriétés collectives ?
Peu à peu, sous l'influence de nécessités économiques, à mesure
que la population s'accroissait, l'appropriation a dû se faire. Ainsi
la propriété individuelle s'est étendue, et ce qui a peu à peu disparu,
ce ne sont pas les propriétés collectives, mais les terres vagues.
Et si des biens communaux se sont constitués, c'est sans doute
moins sous la forme de copropriété de village que sous celle de
copropriété de famille.

Ce ne sont là d'ailleurs, que des hypothèses, que l'on ne saurait
démontrer scientifiquement. Mais, en tout cas, il apparaît comme
bien certain que l'on ne peut trouver au Moyen-Age de traces
authentiques du communisme primitif. Les bois, les landes, les prés
sont toujours objets de propriété individuelle ; toujours, ils font partie
du domaine seigneurial. A défaut de propriété collective, les paysans
possèdent des droits d'usage en commun, mais seul le seigneur les
concède, en fixe et en réglemente l'étendue. Et comme il en tire profit, comme ils sont l'occasion de redevances ou de services, on peut
les considérer comme une forme de l'exploitation seigneuriale. Mais,
à la longue, ces droits se transforment, pour l'ensemble des villageois, en une sorte de possession perpétuelle, une propriété véri-

table, non du fonds, mais de la jouissance. Il est incontestable, en effet, que la notion de propriété était moins nette au Moyen-Age que de nos jours et qu'elle se décomposait plus aisément en ses éléments essentiels. L'usager était donc propriétaire de ses usages, comme le tenancier de sa tenure, bien que le seigneur conservât toute son autorité domaniale. Cette autorité a fini cependant par être atteinte, car les droits d'usage, grâce aux efforts mêmes qu'il fit pour les limiter, se transformèrent souvent en biens communaux. Beaucoup de ces biens se sont constitués dans les derniers siècles du Moyen-Age, au moment même où dans les agglomérations villageoises apparaissent les premiers rudiments d'une vie politique : il y a eu là influence réciproque des deux phénomènes. Les droits d'usage : telle est l'origine véritable des biens communaux. Or, ces droits ne sont qu'une manifestation du régime domanial ; c'est donc de ce régime que sont issues les institutions mêmes, qui un jour contribueront à le ruiner.